ERSTLESER

Roboter

Ravensburger

Konzept und Text: Annette Neubauer
Illustration: Sebastian Coenen

Fachliche Beratung: apl. Prof. Dr. Frank Hoffmann, TU Dortmund

Layout: Katrin Kleinschrot und Marion Köster
Satz: Katrin Kleinschrot

1 3 5 4 2

Postfach 2460 • D-88194 Ravensburg

Printed in Germany

ISBN 978-3-473-60067-0

ravensburger.com
www.wiesoweshalbwarum.com

MIX
Papier | Fördert gute Waldnutzung
FSC® C111262

Inhalt

Was ist ein Roboter?

Ein Roboter ist eine Maschine,
die sich bewegt und handelt.
Manche von ihnen
bewegen sich von selbst.
Andere Roboter
werden von Menschen gesteuert.
Einige können sogar
singen, tanzen und dirigieren.
Es gibt auch Roboter,
die Tieren ähneln
und mit ihnen
zusammenleben.

Dieser Roboter dirigiert einen Chor.

Dieser robotische Karpfen hat insgesamt sechs Motoren, um die Flossen zu bewegen.

Die meisten Roboter
sehen nicht wie Lebewesen aus.
Viele erledigen wichtige Aufgaben.
Sie helfen uns
im Haushalt und in Fabriken.

Ein Saugroboter ist in vielen Haushalten schon selbstverständlich.

Ohne Roboter würden in der Industrie viele Prozesse nicht funktionieren.

Wie funktioniert ein Roboter?

Eine Maschine
kann im Gegensatz zu einem Roboter
nur einen einzigen
Arbeitsschritt immer wieder
ausführen.
Viele Maschinen
gehören zu unserem Alltag.
Wir nutzen sie jeden Tag.

Kaffeemaschine

Nähmaschine

Bohrmaschine

Roboterarme werden für Fließbandarbeiten eingesetzt.

Ein Roboter führt
unterschiedliche Bewegungen aus.
Einige Roboter sind so ähnlich
wie der menschliche Arm aufgebaut.
Für ihre jeweilige Aufgabe
brauchen sie
nur das richtige Werkzeug.
Ein Computer
ist wie das Gehirn eines Roboters.
Er wird in den Roboter eingebaut.
So bekommt er eine Art Körper.

So ein Computer verarbeitet Informationen und steuert die Bewegungen des Roboters.

Was ist ein humanoider Roboter?

Es gibt humanoide Roboter,
die Menschen zum Verwechseln
ähnlich sehen
und einen ähnlichen Körper haben.
Diese Roboter heißen Androiden.
Einige Leute bauen Roboter,
die so aussehen
wie sie selbst.

Ein Roboter mit seinem menschlichen Vorbild

Der Roboter Sophia spricht und beantwortet Fragen.

Ameca ist ein echter Star. Manche machen sogar Selfies mit ihm.

Ameca bewegt beim Sprechen Gesicht, Augen und Hände.

Ameca ist ein
sehr bekannter
humanoider Roboter
und verhält sich
ähnlich wie ein Mensch.
Ein Geschlecht hat Ameca nicht.
Der Roboter kann aussehen,
als ob er erschrickt,
staunt oder gerade aufwacht.

Was machen Roboter im Theater?

Vor über 100 Jahren
hat jemand für ein Theaterstück
Maschinenmenschen erfunden.
Er hat sie Robot genannt.
Das heißt übersetzt „Arbeit“.
Nach der Aufführung
wurden die Robots weltberühmt.

Die ersten Maschinenmenschen kommen in einem Theaterstück aus dem Jahr 1921 vor.

Welche Roboter gibt es in Filmen?

In Filmen gibt es
ganz unterschiedliche Roboter.
Sie kämpfen, helfen Menschen,
sind sehr intelligent
oder können sich verwandeln.
Das sind ausgedachte Roboter.
Im wirklichen Leben
funktionieren sie nicht.

C-3PO aus Star Wars ist zwar ein Roboter, aber so beliebt wie ein Schauspieler.

Der Roboter BB-8 aus Star Wars rollt sich vorwärts. Dabei bleibt sein Kopf immer oben.

Leserätsel

1 Ordne die Silben und schreibe die Wörter auf die Linien.

schi | Ma | ne

id | An | dro

dus | In | trie

2 Wie viele Silben haben diese Wörter? Klatsche und trage die Anzahl ein.

Film

Fabrik

Maschine

3 Welches Wort gehört zu welchem Bild?
Ordne zuerst die Buchstaben.

s a t u S u a g r e b

e k g r W z u e

e f m a e c e s h i a n K f

b r i F k a

p C m o u r e t

Woraus besteht ein Roboter?

Ein Roboter besteht aus Motoren, Gelenken und Armkörpern. Die Elektromotoren bewegen über Getriebe die Gelenke des Roboters ähnlich, wie deine Muskeln Arme und Beine bewegen.

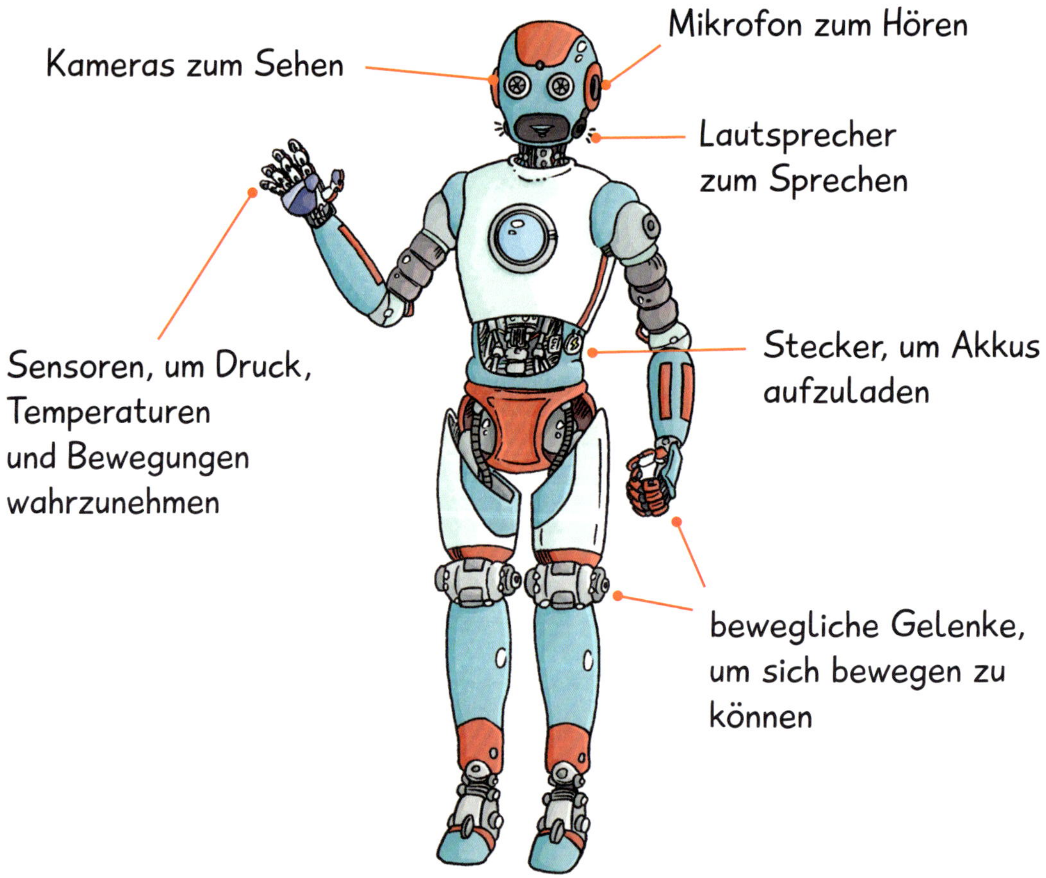

Was ist das Gehirn eines Roboters?

Das Gehirn des Roboters
ist der Computer.
Bei einem humanoiden Roboter
wird er in den Kopf eingebaut.
Dort verarbeitet er Informationen
und steuert die Bewegungen
und die Sprache.

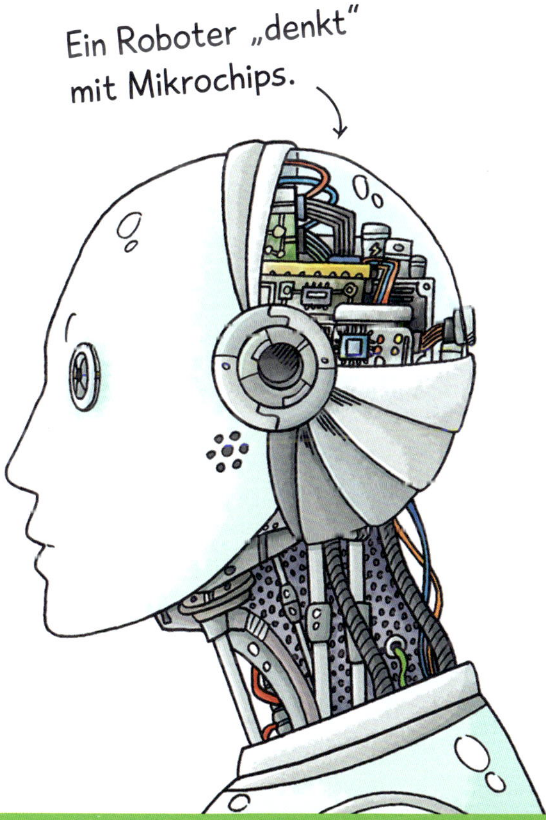

Wie sehen die Muskeln eines Roboters aus?

Heute bewegen sich
die meisten Roboter
mit Elektromotoren.
In Zukunft werden
Muskeln von vielen Robotern
aus leichtem Kunststoff sein.
Damit sind sie beweglicher
und stärker als Menschen.

Ohne Motoren, Kabel und Akkus kann sich der Roboter nicht bewegen.

Woraus bestehen die Knochen eines Roboters?

Das Gerüst eines Roboters
besteht nicht aus Knochen
wie unser Skelett,
sondern aus Stahl und Kunststoff.
Das Nachbauen
der Handgelenke und Finger
ist besonders schwierig.
Mit Händen und Fingern
führen wir jeden Tag
sehr feine Bewegungen aus.

Roboterhände können Gegenstände greifen, ohne sie zu zerbrechen.

Wie sieht und fühlt ein Roboter?

Die meisten Roboter
haben Kameras und Sensoren.
Jeder Sensor nimmt
einen bestimmten Reiz wahr.
Diesen Reiz leitet er
an den Computer weiter
und löst damit eine Reaktion aus.
Sehen und Tasten
sind wichtig für den Roboter,
damit er sich orientieren kann.

Ein Sensor funktioniert
ähnlich wie unsere Sinne.
Aber riechen und schmecken
kann ein Roboter nicht.
Forscher und Forscherinnen
arbeiten daran,
dass das Tasten bei Robotern
ähnlich funktioniert wie bei uns.
Deshalb werden Roboterhände
mit einer künstlichen Haut überzogen.

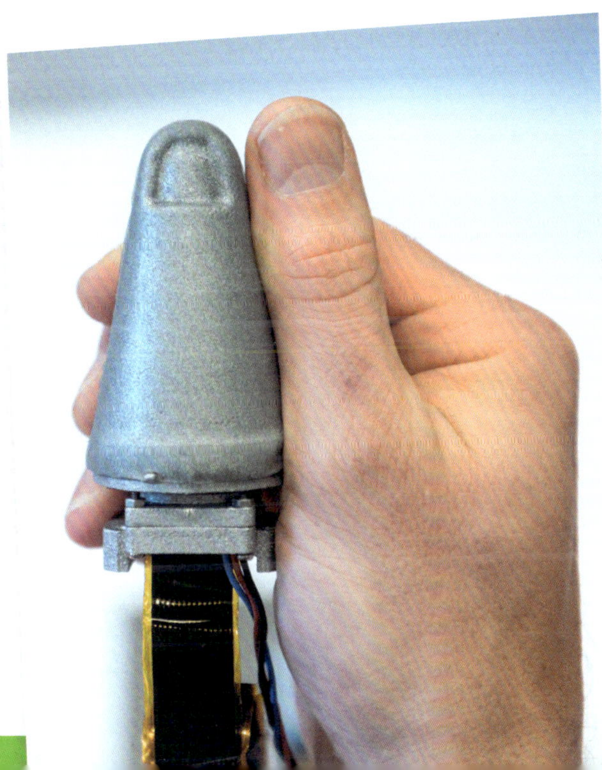

Der Daumen eines Roboters sieht dem menschlichen Daumen sehr ähnlich.

Was versteht ein Roboter?

Heutige Roboter
können immer besser
Befehle ausführen
und Fragen beantworten.
Über eine Spracherkennung
servieren sie Kaffee,
singen oder
sagen das Wetter an.

Kaffee einschenken erfordert viel Geschick. Es hat lange gedauert, Roboter zu entwickeln, die das können.

Im Hotel oder im Museum
fragen Roboter manchmal
nach den Wünschen von Besuchern
und helfen ihnen weiter.

Ein Roboter hilft in einer Bibliothek den Besuchern bei der Buchsuche.

Woher bekommt der Roboter Energie?

Roboter müssen regelmäßig
an die Steckdose angeschlossen werden,
um ihre Akkus aufzuladen.
Roboter verbrauchen viel Energie.
Besonders dann,
wenn sie sich
auf Rädern oder Beinen
hin und her bewegen.

Roboter werden über Kabel mit Strom versorgt.

Leserätsel

1 Willst du wissen, wo der Roboter arbeitet? Verbinde die Buchstaben auf seinem Weg und finde heraus, was das für ein Roboter ist.

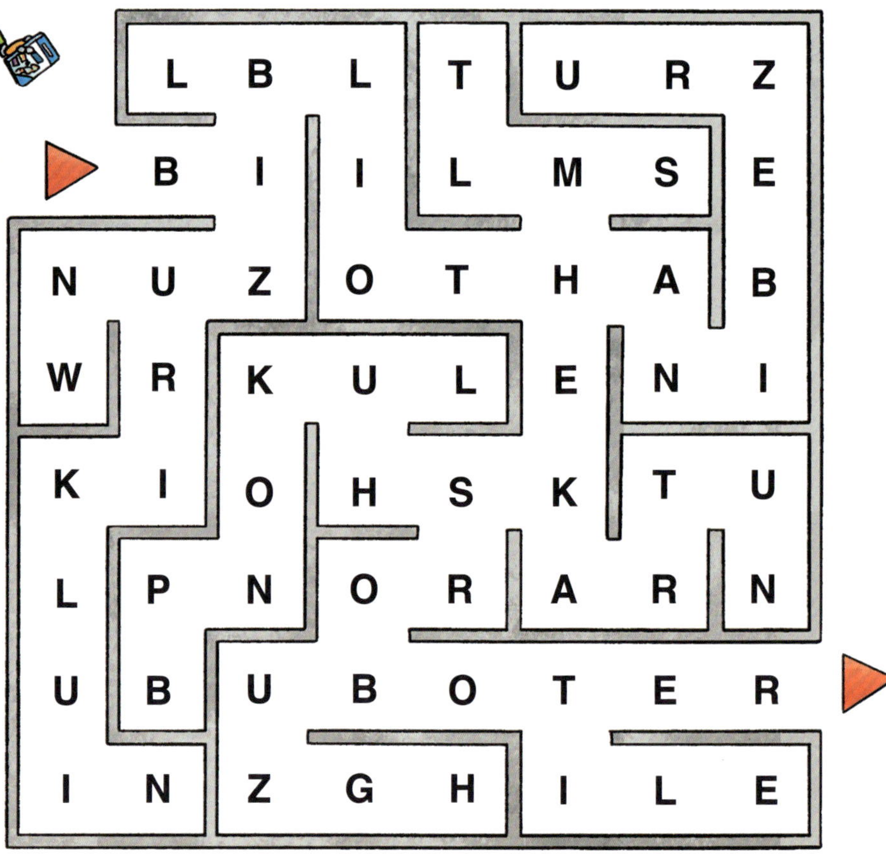

2 Ergänze die fehlenden Buchstaben.
Streiche die Buchstaben, die du eingesetzt hast, unten durch.

E	N		R	G		E	
S	T	R		M			
F		R	S	C		E	R
	A	M		R	A		

E O H E K O I

3 Was gehört zusammen?
Verbinde die Wörter mit Linien.

STECK	STOFF
TAST	MOTOR
KUNST	CHIP
ELEKTRO	SINN
MIKRO	DOSE

Was können Roboter?

Roboter unterstützen uns
bei vielen Aufgaben.
Manche Arbeiten
erledigen sie sogar
besser als Menschen.
Rettungsroboter helfen an Orten,
die für Menschen gefährlich sind.
Sie erkennen Rauch,
bemerken giftige Gase
und melden Brände.

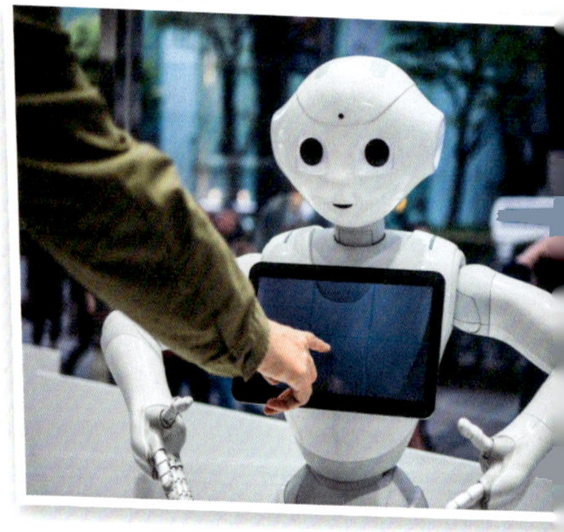

Roboter arbeiten in Gebäuden
als Wächter oder
am Empfang in Hotels.

Ein Fensterroboter putzt auch dann, wenn niemand zu Hause ist.

Wie helfen Roboter im Haushalt?

Roboter saugen die Wohnung,
putzen Fenster,
wischen den Boden
und mähen den Rasen.
Es gibt sogar schon Roboter,
die Geschirr einräumen,
den Tisch decken
und Getränke einschütten.

Ein Roboter erledigt selbstständig Aufgaben in der Küche.

Was machen Roboter in Fabriken?

Roboter übernehmen Aufgaben, die für Menschen zu langweilig oder zu anstrengend sind.
Einige Roboter in Fabriken stapeln Waren und räumen Regale ein und aus.
Andere Roboter lackieren Autos und arbeiten am Fließband.

Roboter heben schwere Gegenstände und entlasten so Mitarbeitende einer Fabrik.

Ein Fabrikroboter lackiert Oberflächen. Schädliche Dämpfe machen ihm nichts aus.

Roboter sind
Tag und Nacht im Einsatz.
Sie werden nicht krank,
haben keine Schmerzen
und brauchen keinen Urlaub.
Sie arbeiten sogar ohne Licht
und ohne Luft.

Wie retten Roboter Menschenleben?

Manche Roboter fahren direkt in einen Brand hinein, um ein Feuer zu löschen. Aber auch nach einem Brand ist ihr Einsatz wichtig: Dann suchen sie nach Überlebenden. Dabei klettern sie in Häuser, die einstürzen können. Das wäre für Rettungshelfer viel zu gefährlich.

Ein Polizeiroboter im Einsatz

Löschroboter fahren bei einem Waldbrand ins offene Feuer, um es zu löschen.

In den Bergen helfen Roboter,
Menschen zu retten,
die verschüttet sind.
Auch bei einem Erdbeben
sind Roboter nützlich.
Sie machen Fotos und
messen die Erschütterungen.
Einige Roboter sind so geschickt,
dass sie sogar Bomben entschärfen.

Forschende vermuten, dass sich in Zukunft so eine Roboterspinne auf Schutt vorwärtsbewegen kann und im Katastropheneinsatz hilft.

Warum gibt es Roboter in Krankenhäusern?

Mithilfe von Robotern
lernen gelähmte Menschen,
sich wieder zu bewegen.
Durch ein zusätzliches Skelett
an Hüften und Knien
lernen sie neu zu gehen.
Roboter helfen bei einer Operation.
Sie bewegen Instrumente,
die so klein wie Reiskörner sind.

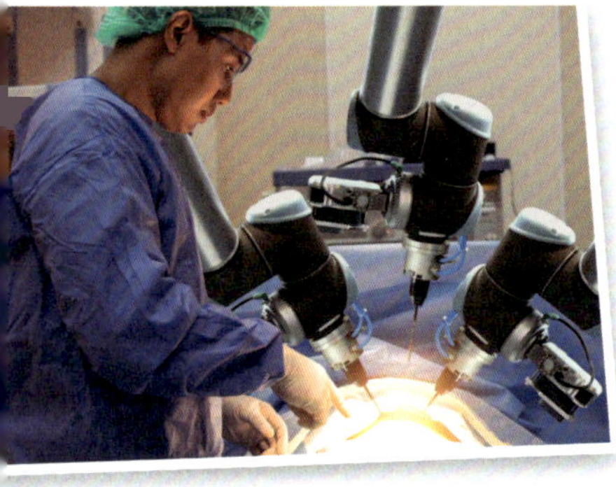

Roboter operieren ruhig und sehr genau. Dabei werden sie von Ärzten gesteuert.

Roboter sind für kranke Menschen eine große Unterstützung.

Roboterrobben bewegen die Augen und wackeln mit dem Schwanz.

Weshalb sehen Roboter so aus wie Spielzeug?

Manche Roboter trösten Menschen,
die krank oder einsam sind.
Oft sehen sie wie Tiere aus,
mit denen man
spielen und kuscheln kann.
Wenn sie gestreichelt werden,
fiepen sie zufrieden.

Roboterhunde hören auf Kommandos wie „Sitz!", „Steh auf!" und einige mehr. Viele von ihnen können sogar tanzen und spielen.

Der Marsroboter ist so groß wie ein Auto. Mit Kameras erkundet er den Planeten.

Was machen Roboter auf dem Mars?

Wir schicken Roboter auf den Mars,
damit sie dort Fotos machen
und Steine untersuchen.
Heute entwickeln Forschende
ein Segelflugzeug für den Mars.
Es wird von einem Computer gesteuert
und bleibt ohne Motor in der Luft.

Segelroboter gleiten mit ihren weiten Flügeln in der Marsatmosphäre.

Wozu gibt es Roboter in der Wüste?

Pflanzroboter bewegen sich
selbstständig im Wüstensand.
Sie setzen Samen,
damit die Wüste fruchtbar wird.
Auch Roboter für den Mars
werden in der Wüste getestet.
Im feinen Wüstensand
ist es für Roboter schwer,
sich fortzubewegen.

Im sandigen Boden sinkt der Roboter ein. Die Bedingungen sind ähnlich schwer wie auf dem Mars.

Pflanzroboter helfen, in einer Wüste Obst und Gemüse anzubauen.

Weshalb tauchen Roboter im Meer?

Es gibt Roboter,
die wie kleine Fische aussehen
und das Meer reinigen.
Wenn sie sich bewegen,
bleiben winzige Plastikteilchen
an ihnen haften.
So wird der Müll
gesammelt und entsorgt.
Andere Roboter
sehen aus wie Rochen.

Was spielen Roboter?

Roboter spielen zum Beispiel Schach oder Go. Darin haben sie schon echte Profis besiegt. Durch wiederholte Versuche und das Auswerten von Fehlern lernen sie eine Spielstrategie.

Ein Roboter spielt Go, eines der kompliziertesten Spiele der Welt.

Wie spielen Roboter Fußball?

Für einen Roboter
ist es nicht einfach,
auf zwei Beinen zu laufen.
Noch schwerer ist es für Roboter,
Fußball zu spielen.
Der Ball ist immer in Bewegung.
Deswegen muss der Roboter
ständig neu berechnen,
wohin er laufen soll.

Heute gibt es Fußball-Meisterschaften mit Mannschaften aus Robotern.

Bei einer Weltmeisterschaft bekommen die Roboter sogar Pokale.

Ein humanoider Roboter malt ein Bild von sich.

Wie kreativ sind Roboter?

Roboter können malen,
ein Musikinstrument spielen
und Lieder komponieren.
In der Wissenschaft
wird darüber gestritten,
ob Roboter echte Kunst machen.

Roboter spielen schwierige Musikinstrumente.

Leserätsel

1 In dem Roboter sind
fünf Wörter versteckt.
Umkreise sie und
schreibe sie auf die Linien.

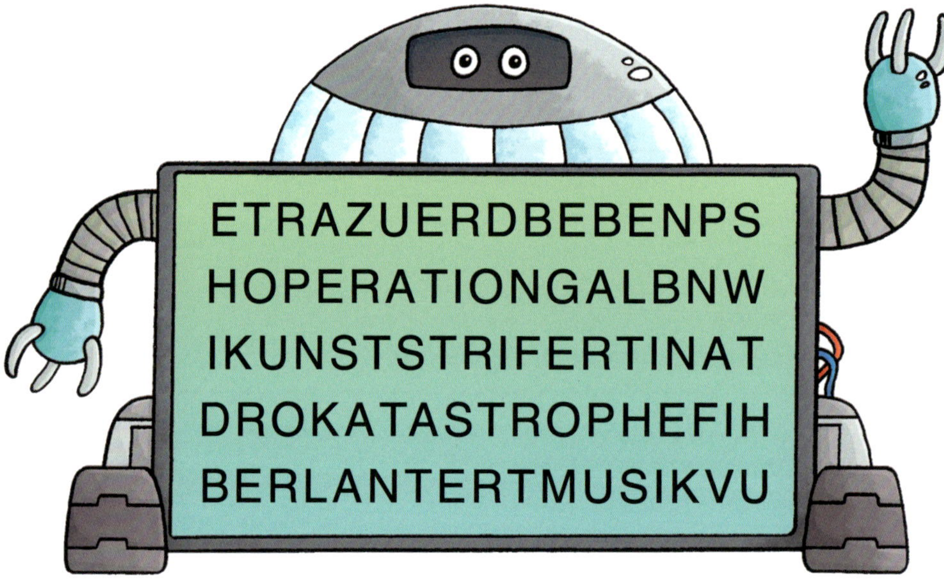

2 Welcher Satz stimmt?
Kreuze ihn an.

- [ ] Roboter bewachen Gebäude.
- [ ] Roboter belachen Gebäude.

- [ ] Roboter sammeln Mücken ein.
- [ ] Roboter sammeln Müll ein.

- [ ] Roboter haben keine Schmerzen.
- [ ] Roboter mögen keine Schmerzen.

- [ ] Roboter spielen Geige.
- [ ] Roboter speisen Feigen.

Roboter zum Stickern

Ameca ist ein humanoider Roboter.

Der Laufroboter hat vier Beine.

Robbe PARO ist echt süß!

Der Roboter spielt mit Kindern.

Der Roboter serviert Essen.
Klebe hier den Haushalts-roboter ein.
Roboter NAO kann Fußball spielen.

Was ist künstliche Intelligenz?

Mit künstlicher Intelligenz
können Computer sprechen, sehen,
Auto fahren, operieren
und vieles mehr.
„Intelligente“ Roboter
bemerken Fehler
und ändern ihr Verhalten.
Künstliche Intelligenz
wird abgekürzt KI genannt.

Roboter mit KI lernen ständig dazu und verbessern ihre Arbeitsschritte.

Was machen Roboter der Zukunft?

Roboter werden in Zukunft noch mehr Aufgaben als heute für uns erledigen.
Sie werden Pakete liefern,
Pizza backen,
kranke Menschen pflegen
und auf Baustellen arbeiten.

Roboter können bereits einfache Gerichte zubereiten.

Bald werden Roboter anstelle von Briefträgern an den Haustüren klingeln.

Wie lernen Roboter?

Einige Roboter erkennen ihre Fehler und passen ihr Handeln an. Sie lernen also selbstständig, ähnlich wie wir Menschen.

In Firmen werden Roboter von Fachleuten in Arbeitsabläufe eingewiesen.

1 Die Aufgabe wird programmiert.

Ein Mensch macht eine Aufgabe vor.
Anschließend führen die Roboter
ihre Aufgaben allein aus.
Dabei verbessern sie die Prozesse,
wenn es notwendig ist.

4 Der Roboter führt die Aufgabe allein aus.

3 Der Mitarbeiter macht die Aufgabe vor.

2 Der Mitarbeiter weist den Roboter ein.

Was weiß ein Roboter?

Roboter denken nicht
über das Leben nach.
Im Unterschied zu Menschen
fragen sie sich nicht,
ob sie gut oder böse handeln.
Sie haben kein Mitgefühl
und kennen weder
Vergangenheit noch Zukunft.

Roboter kennen keine Zeit.

Heute ist ein Roboter höchstens so schlau wie der Mensch, der ihn erfunden hat.

Manche Roboter haben ein sehr bewegliches Gesicht, mit dem sie die Gefühle von Menschen nachahmen können.

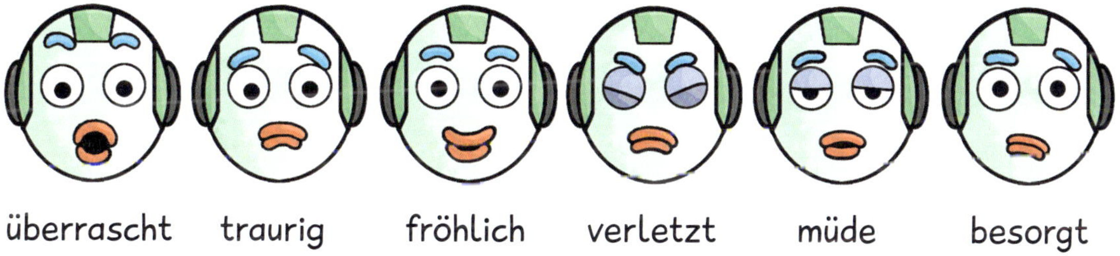

Wie antwortet ein Roboter?

Humanoide Roboter stellen Fragen
und geben Antworten.
Dabei lächeln sie,
wirken traurig oder fröhlich.
Mit den Kameras sehen Roboter,
wie sich die Menschen
in ihrer Umgebung fühlen.
Dann spiegeln sie Gefühle,
ohne selbst etwas dabei zu spüren.

Warum gibt es keinen Superroboter?

Superroboter gibt es
nur in Zukunftsfilmen.
Heute baut man Roboter,
die für bestimmte Aufgaben
konstruiert und programmiert sind.
Das ist nicht so teuer,
wie einen Roboter zu entwickeln,
der alles kann.

Superroboter in Filmen sind oft sehr schnell, stark und können sich verwandeln.

Was haben Roboter mit Druckern zu tun?

Roboter werden immer öfter
mit 3-D-Druckern hergestellt.
Manchmal werden
nur die Einzelteile gedruckt
und zusammengesetzt.
Sogar humanoide Roboter
entstehen mit dem 3-D-Drucker.
Anstelle von Motoren und Getriebe
haben sie Muskeln und Sehnen
aus Kunststoff.

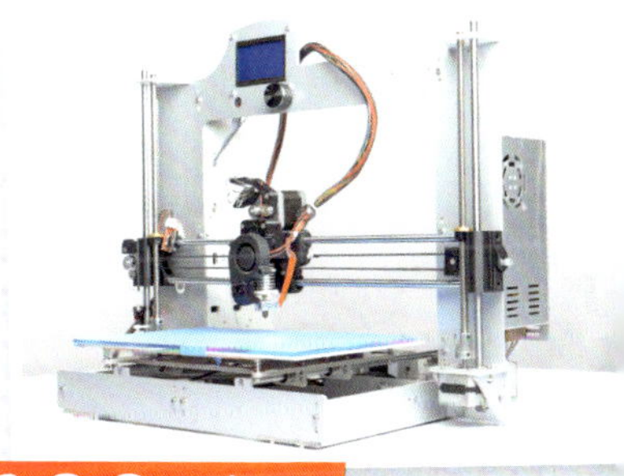

3-D-Drucker

Roboter aus 3-D-Druckern sehen unterschiedlich aus und erfüllen unterschiedliche Aufgaben.

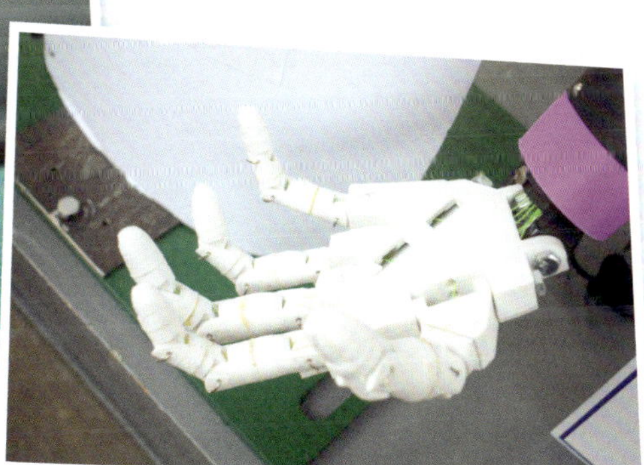

Was ist ein persönlicher Roboter?

Vielleicht gibt es bald für alle in einer Familie einen eigenen Roboter. Dann haben Kinder Roboter, die ihnen beim Lernen helfen, mit ihnen musizieren, mit ihnen spielen oder sie trösten.

Roboter helfen mit viel Geduld bei den Hausaufgaben.

Roboterdinos gibt es schon heute in vielen Spielwarengeschäften.

Andere Roboter putzen, räumen auf, kochen, mähen den Rasen oder wecken uns morgens auf. Älteren Menschen kann ein Roboter den Alltag erleichtern, indem er ihnen vorliest, einen Verwandten anruft oder beim Aufstehen hilft.

Persönliche Roboter übernehmen viele Aufgaben in unserem täglichen Leben.

Ein Roboter tanzt im Altenheim, die Bewohnerin tanzt mit.

Wie helfen uns Roboter, gesund zu bleiben?

Menschen treffen jeden Tag
viele Entscheidungen.
Ein Roboter handelt so,
wie er programmiert wurde.
Roboter arbeiten an Orten,
an denen Menschen leicht krank werden.
Das kann im Dunkeln sein,
bei Kälte oder im Regen.

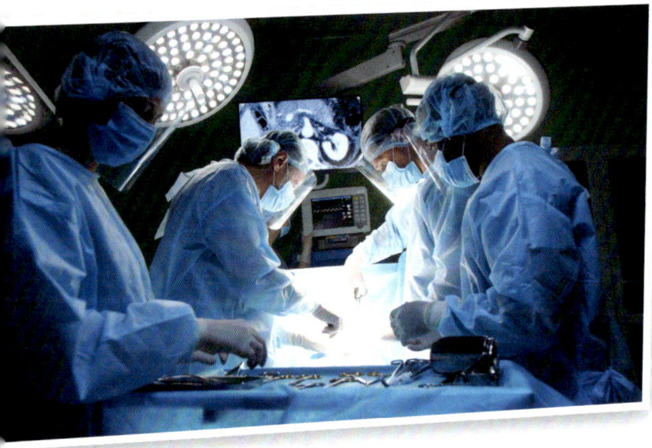

In vielen Berufen treffen Menschen wichtige Entscheidungen. Das können Roboter nicht.

Roboter verpacken Tiefkühlprodukte bei minus 25 Grad.

Auch Arbeit mit Schmutz macht ihnen nichts aus: Roboter sortieren Müll und reinigen die Kanalisation. Durch die Hilfe von Robotern haben Menschen mehr Zeit für Freunde, Verwandte und Hobbys.

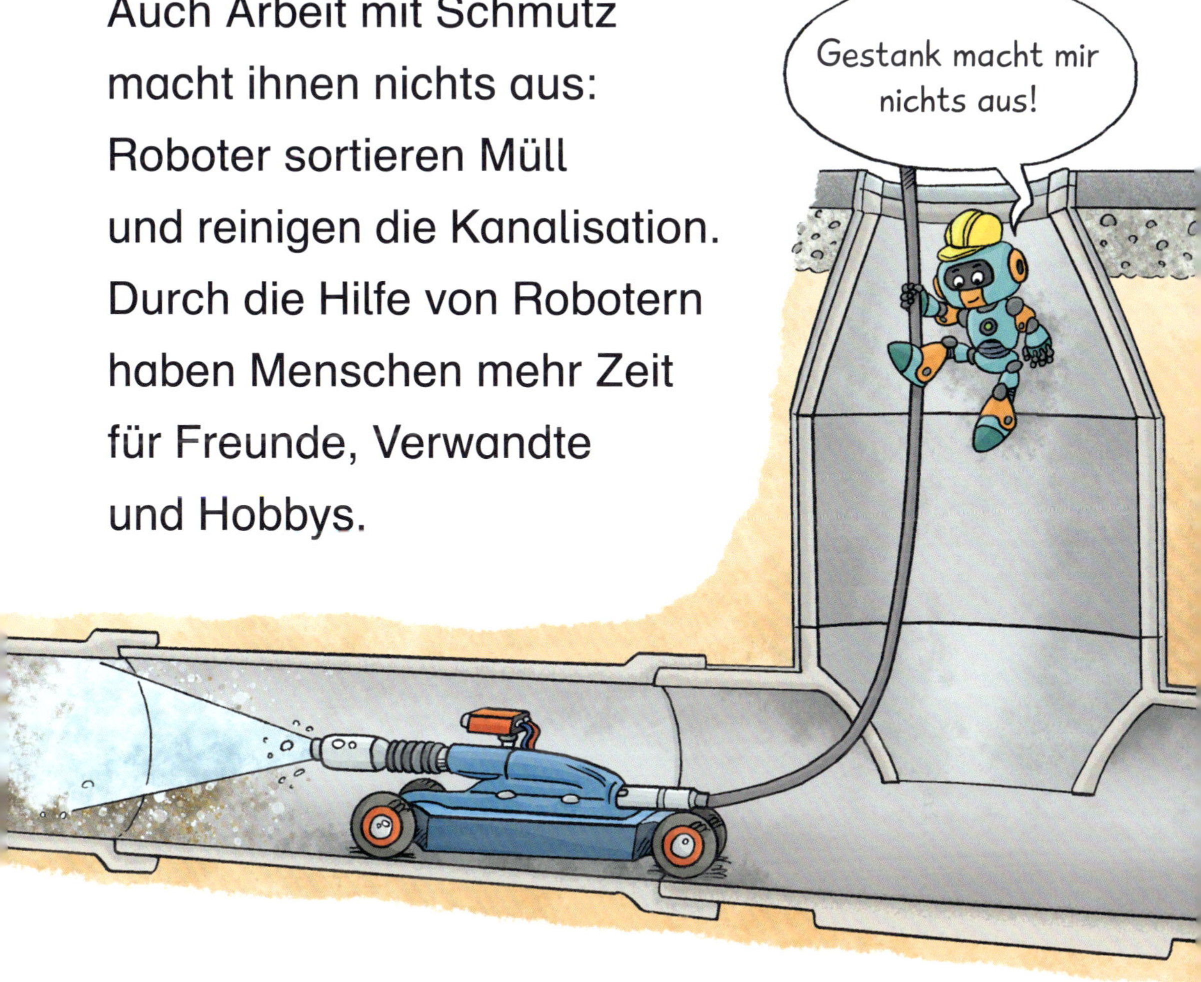

Leserätsel

1 Fülle die Gitter mit Silben.
Pro Zeile, Spalte und
buntem Rechteck darf jede Silbe
nur einmal vorkommen.
Welche Wörter sind hier versteckt?

IN		TEL	
	LI		
			GENZ

_ _ _ _ _ _ _ _ _ _ _

		LÖSCH	
	RO		
BO			TER

_ _ _ _ _ _ _ _ _ _ _ _

2 In dem Gitter stecken sieben Begriffe rund um Roboter. Kreise sie ein.

H	A	F	L	I	E	S	S	B	A	N	D
I	R	T	W	M	Q	F	E	O	Y	F	S
S	G	H	I	B	E	N	T	S	F	E	D
E	Z	O	K	C	R	A	H	T	O	M	U
N	U	L	J	O	T	M	I	R	D	G	R
S	U	P	E	R	R	O	B	O	T	E	R
O	K	F	G	I	O	T	L	M	X	A	G
R	L	D	F	I	K	O	U	Z	Z	L	I
J	U	O	A	H	E	R	N	Y	U	N	K
E	B	I	B	A	B	D	G	C	T	E	L
S	V	J	R	D	V	W	U	H	D	S	A
F	E	P	I	G	K	A	M	E	R	A	D
O	D	N	K	O	U	H	A	B	J	I	F
L	V	C	O	L	F	G	I	G	N	B	S

Lesequiz

1 Was ist ein Roboter?

a) eine Maschine, die sich bewegt

b) eine Maschine, die Gefühle hat

c) eine Maschine, die Entscheidungen trifft

2 Wie sieht ein Android aus?

a) wie eine Maschine

b) wie ein Muskel

c) wie ein Mensch

3 Wo traten Maschinenmenschen auf?

a) im Museum

b) im Theater

c) in einer Fabrik

4 Aus was ist das Gerüst eines Roboters?

a) aus Knochen

b) aus Stahl und Kunststoff

c) aus Gummi

5 Warum gibt es keine Superroboter?

a) weil sie zu teuer sind

b) weil sie zu groß sind

c) weil sie zu langsam sind

6 Womit nehmen Roboter ihre Umgebung wahr?

a) mit Augen und Ohren

b) mit Sensoren

c) mit Lichtgeschwindigkeit

7 Was heißt KI?

a) künstliche Information

b) künstliche Intelligenz

c) künstliche Industrie

Lösungen

Seite 14/15

1

Maschine
Android
Industrie

2

Film	1
Fabrik	2
Maschine	3

3

Staubsauger
Werkzeug
Kaffeemaschine
Fabrik
Computer

Seite 24/25

1 Lösung: BIBLIOTHEKSROBOTER

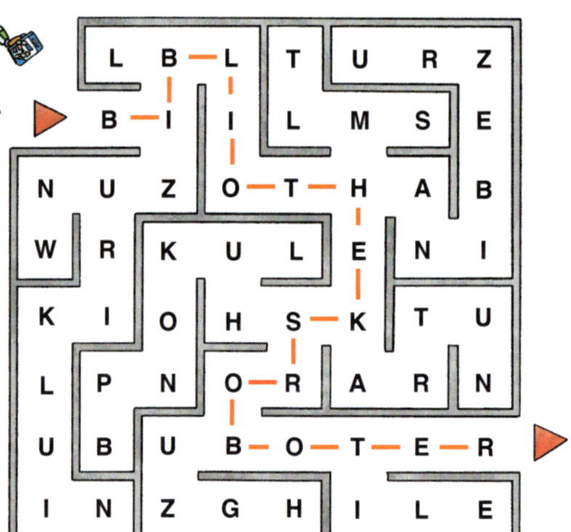

2

E N E R G I E
S T R O M
F O R S C H E R
K A M E R A

3

STECKDOSE
TASTSINN
KUNSTSTOFF
ELEKTROMOTOR
MIKROCHIP

Seite 40/41

1

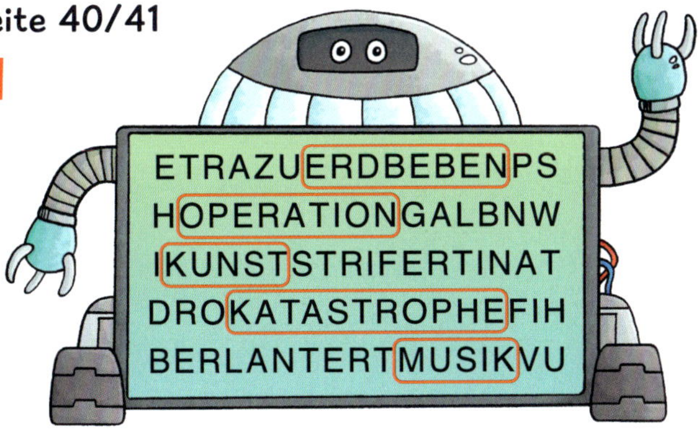

2

- [x] Roboter bewachen Gebäude.
- [ ] Roboter belachen Gebäude.

- [ ] Roboter sammeln Mücken ein.
- [x] Roboter sammeln Müll ein.

- [x] Roboter haben keine Schmerzen.
- [ ] Roboter mögen keine Schmerzen.

- [x] Roboter spielen Geige.
- [ ] Roboter speisen Feigen.

Seite 42/43

Seite 56/57

1

IN	GENZ	TEL	LI
LI	TEL	GENZ	IN
GENZ	LI	IN	TEL
TEL	IN	LI	GENZ

INTELLIGENZ

TER	BO	LÖSCH	RO
LÖSCH	RO	TER	BO
RO	TER	BO	LÖSCH
BO	LÖSCH	RO	TER

LÖSCHROBOTER

2

H	A	F	L	I	E	S	S	B	A	N	D
I	R	T	W	M	Q	F	E	O	Y	F	S
S	G	H	I	B	E	N	T	S	F	E	D
E	Z	O	K	C	R	A	H	T	O	M	U
N	U	L	J	O	T	M	I	R	D	G	R
S	U	P	E	R	R	O	B	O	T	E	R
O	K	F	G	I	O	T	L	M	X	A	G
R	L	D	F	I	K	O	U	Z	Z	L	I
J	U	O	A	H	E	R	N	Y	U	N	K
E	B	I	B	A	B	D	G	C	T	E	L
S	V	J	R	D	V	W	U	H	D	S	A
F	E	P	I	G	K	A	M	E	R	A	D
O	D	N	K	O	U	H	A	B	J	I	F
L	V	C	O	L	F	G	I	G	N	B	S

Seite 58/59

1 a)

2 c)

3 b)

4 b)

5 a)

6 b)

7 b)

ERSTLESER

Spielerisch lesen lernen

Wieso Weshalb Warum

Weitere Informationen unter:
www.WiesoWeshalbWarum.com

Klebe an dieser Stelle
einen Briefumschlag ein.
Benutze dazu einen Klebestift
und beachte seine Kennzeichnung.
In dem Umschlag kannst du
die ausgeschnittenen Karten
aufbewahren.
So geht nichts verloren.

Bildnachweis

Abkürzungen:
oben (o.); unten (u.); links (l.); rechts (r.)

Cover: Adobe Stock: wellphoto (o.), Tryfonov (u.)

Adobe Stock: Pugun & Photo Studio (4), phonlamaiphoto (8), OceanProd (13 l.), Ilja (18), I Viewfinder (22 o.), VTT Studio (26), Анастасия Коровина (27), Pugun & Photo Studio (28 r.), vadimalekcandr (28 l.), zapp2photo (32), EdNurg (33), Tryfonov (34), Sergey (37), stnazkul (44), phonlamaiphoto (48), irissca (51 u. l. + r.), Viacheslav Yakobchuk (51 o.), M.Dörr & M.Frommherz (53 r.), ihorvsn (54)
Picture Alliance: Stephanie Pilick (6 r.), dpaweb | Lindsey_Parnaby (6 l.), REUTERS | JUAN CARLOS ULATE (10 l.), EPA-EFE | WU HONG (10 r.), dpa | Daniel Karmann (11 l.), ZUMAPRESS.com | Gene Blevins (11 r.), AP Images | Vianney Le Caer (13 r.), dpa | Silas Stein (21), dpa/HPIC | Blanches (22 u.), Rupert Oberhäuser (30), dpa | Xu Yong (38), Photoshot (39), BSIP | AMELIE-BENOIST (53 l.)
Andere: Roboter SherpaTT vom Deutschen Forschungszentrum für Künstliche Intelligenz (DFKI), Foto: Florian Cordes (35 r.)

Folgende Illustrationen sind nach Bildvorlagen existierender Roboter gestaltet:
Roboter a'seedbot von Mazyar Etehadi (Illustration 35 l.)
Roboter NAO von United Robotics Group GmbH (Illustration 38 r.)
Roboter PARO von AIST (Illustration 42 r. u.)

Leseloto

Anleitung

Schneide die 24 Karten
mit einer Bastelschere aus
und mische sie.
Lege sie dann
mit der Vorderseite nach oben
vor dich hin.
Welcher Text
beschreibt welches Bild?
Die Rückseiten der richtigen Paare
haben dieselbe Farbe.
So kannst du prüfen,
ob alles stimmt.

Roboter, der die Meere reinigt	Roboter, der Autos zusammen- baut	Roboter, der wie ein Mensch aussieht
Daraus kommt der Strom	Verbindung zwischen Steckdose und Gerät	Erzeugt Töne und Musik
Roboter für den Katastrophen- einsatz	Roboter zum Streicheln	Fertigt Gegenstände aus Plastik
Werkzeug, das Löcher bohrt	Roboter, der durch die Luft gleitet	Menschen denken damit

Roboterfisch

Industrie-
roboter

Android

Steckdose

Kabel

Musik-
instrument

Roboterspinne

Kuschelrobbe

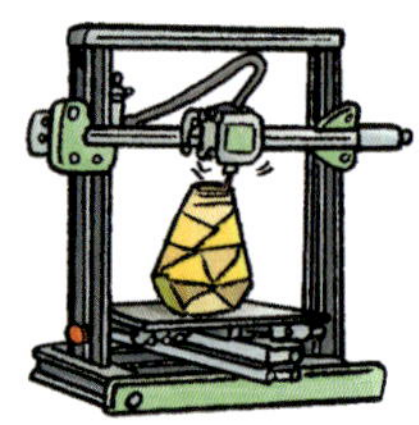

3-D-Drucker

Bohrmaschine

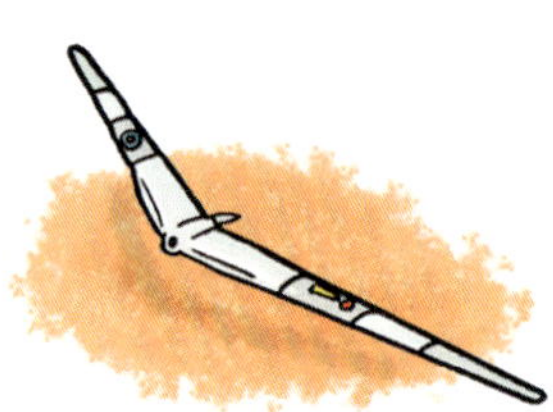

Segelroboter

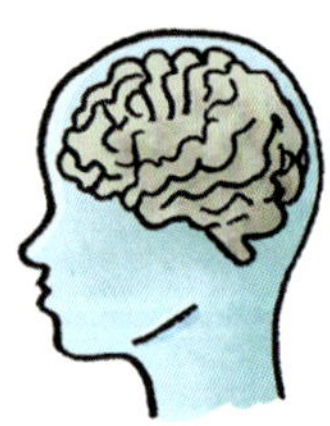

Gehirn